EMG3-0152   J-POP
合唱楽譜<J-POP>

合唱で歌いたい！J-POPコーラスピース

混声3部合唱

学び舎の春～LAST RUNNERS～

作詞・作曲・編曲：田淵智也　ピアノ編曲・譜面協力：伊藤 翼

••• 曲目解説 •••

♪ B F のアルトパートと男声パートの合いの手は、ソプラノパートのダイナミクスより抑えつつも、言葉がぼやけないようにはっきりと発音しましょう。

♪ サビへのクレッシェンドは大げさになりすぎず、エネルギーが緩やかに膨らむようなイメージで歌いましょう。

♪ サビの「lululu」はメインのパートに寄り添うように、また、音量が大きくなりすぎないように気をつけましょう。

♪ J 前のデクレッシェンドは名残惜しいかのような余韻を残しましょう。

合唱で歌いたい！J-POPコーラス

学び舎の春〜LAST RUNNERS〜

作詞・作曲・編曲：田淵智也　　ピアノ編曲・譜面協力：伊藤 翼

© 2017 by Sony Music Artists Inc.

学び舎の春〜LAST RUNNERS〜

作詞:田淵智也

少年よあの日の笑い声
覚えてるかな　ほら　この場所だよ
少女よあの日の泣き声も
ちょうどこんな(ちょうどこんな)日だまりの中だったね

最後の机(最後のイスと)　最後の黒板(最後のチョーク)　最後の廊下(校庭)　最後の下駄箱
何度もこんにちは(こんにちは)　何度もまたね(またねと)　そして初めてのじゃあね

学び舎の春に立つ　君は今美しく
ちゃんと大きくなったね　未来に近づいたね
背を向けて走り出せ　だけどもう少しいいかな
ありがとうじゃ足りないから

少年よあの日のケンカなんかも
必ず大事に思える日が来るよ
少女よあの日歩いた辛さも
必ず大事に(大事にね)思える日が来るよ

君が過ごした(もっと前から)　それよりずっと(想い出の山)　長く重ねた(いっぱい)　そんな日々が染みた場所
沢山の人たちが(人たちが)手を振ってきたよ　(振ったら)そして　本当のじゃあね

学び舎の春に立つ　君は今美しく
一つの物語　笑って見送る
見送ったら走り出そう　わかる、これが最後なんだね
(あたたかな)南風を頼りにして

学び舎の春に立つ　君は今美しく
一つの物語　笑って見送る
見送ったら走り出そう　わかる、これが最後なんだね
(あたたかな)南風を頼りにして

ありがとう、きっと走り出せる

「君が今、"ありがとう"を伝えたい人は誰ですか?
そのエピソードを元に、UNISON SQUARE GARDENがオリジナルの曲をつくります」

2018年。

TOKYO FM & JFN 38局で放送中の10代向けラジオ番組「SCHOOL OF LOCK!」とカルピスウォーター、そして、UNISON SQUARE GARDENがタッグを組んで行った"スクールソングプロジェクト"。

この中で、"学び舎の春〜LAST RUNNERS〜"は生まれました。

多数の応募の中、選ばれたのは北海道旭川東栄高校の生徒でした。

「2018年3月で閉校になってしまう母校と仲間に"ありがとう"を伝えたいです」

旭川東栄高校の生徒から学校の思い出を聞かせてもらい、UNISON SQUARE GARDENの田淵智也が詞とメロディーを紡いだのがこの曲です。※旭川東栄高校では"最後の卒業生"のことを"LAST RUNNER"と呼んでいたそうです。

つまり、元々この合唱曲は、旭川東栄高校のために生まれたものでした。

しかし、この曲をラジオでオンエアした直後から、こんな声がたくさん届きました。

「私の学校の卒業式にもこの歌を歌いたいです」「この曲の楽譜ってどこで手に入るんですか?」

こうして"学び舎の春〜LAST RUNNERS〜"は、"スクールソングプロジェクト"の外に飛び出すことになりました。

君がこの歌を口ずさむたびに浮かぶ誰かの顔や景色は、君だけのものです。
だから、君がこれを歌ってくれた瞬間から、この歌は君のものになります。

君が選んでくれたこの歌が、君と君の仲間にとっての大事な歌になってくれたら。

こんなに嬉しいことはありません。

"スクールソングプロジェクト"スタッフ一同

•••田淵智也からのコメント•••

この楽曲は、ラジオ番組「SCHOOL OF LOCK!」(毎週月〜金曜日22:00より、TOKYO FMをはじめとするJFN系列全国38局ネットで放送中)での「スクールソング プロジェクト supported by カルピスウォーター」という企画として作ることになった合唱曲です。

廃校になる学校に感謝をこめられるように、なくなってしまう寂しさとそれでも前に進んでいく旅立ちの気持ちが歌う生徒に備わるように作りました。

ですが、作っているときに「学校の卒業式で歌われても大丈夫なように」という気持ちがあったのは隠さずに言っておきます。

過ぎていくものを見送る、というのは人生の中でたびたび訪れることで、卒業というものも例に漏れません。

学校生活がどんなに楽しくても、そして例えどんなに辛かったとしても、卒業というものは人生でとても大事な一瞬に結果的になります。

そこから続いていく人生の中でなぜかふと思い出す時が来るからです。

その時に、それまでちゃんと生きてきたことを少しでも誇りに思ってほしい。

そして思い出す助けにこの曲がなれるのであれば、僕は幸せです。

エレヴァートミュージックエンターテイメントはウィンズスコアが
展開する「合唱楽譜・器楽系楽譜」を中心とした専門レーベルです。

ご注文について

エレヴァートミュージックエンターテイメントの商品は全国の楽器店、ならびに書店にてお求めになれますが、店頭でのご購入が困難な場合、下記PC&モバイルサイト・FAX・電話からのご注文で、直接ご購入が可能です。

◎PCサイト&モバイルサイトでのご注文方法

http://elevato-music.com

上記のアドレスへアクセスし、WEBショップにてご注文ください。

◎FAXでのご注文方法

FAX.03-6809-0594

24時間、ご注文を承ります。上記PCサイトよりFAXご注文用紙をダウンロードし、印刷、ご記入の上ご送信ください。

◎お電話でのご注文方法

TEL.0120-713-771

営業時間内に電話いただければ、電話にてご注文を承ります。

※この出版物の全部または一部を権利者に無断で複製(コピー)することは、著作権の侵害にあたり、
　著作権法により罰せられます。

※造本には十分注意しておりますが、万一、落丁・乱丁などの不良品がありましたらお取り替えいたします。
　また、ご意見・ご感想もホームページより受け付けておりますので、お気軽にお問い合わせください。